AF258809

VOYAGE EN ZIGZAG

À TRAVERS

LE BUDGET.

Et autres questions philanthropiques.

————

par

VICTOR GRENIER

Prix : 1 franc 25

Typ. Th. Cazal (Saint-Denis Réunion)

1877.

VOYAGE EN ZIGZAG

A TRAVERS

LE BUDGET

Et autres questions philanthropiques.

— ❦ —

UNE QUESTION PHILANTHROPIQUE

Pour nous mettre en appétit, prenons une petite dose de fine et douce philanthropie. Cela nous est servi avec beaucoup de distinction dans son numéro de mercredi 29 août dernier, par l'éminent citoyen républicain démocrate et radical, nous Thomy Lahuppe, rédacteur en chef de toutes les colonnes du « Moniteur, » récemment blackboulé aux dernières élections de St-Paul, littérateur émérite, posant pour la députation coloniale, qui est de plus, à ses heures, avocat plaidaillant, qui plaidaille dans les intéressantes causes d'office des indiens, chinois et autres ayant de même farine, à qui il arrive d'avoir des démêlés avec la justice criminelle. Saluons respectueusement.

Donc le citoyen Thomy déjà nommé a pris sa meilleure plume pour faire de la réclame et de la propagande en faveur d'une industrie nouvelle par lui baptisée du nom de « la boucherie des ménages. »

La boucherie des ménages keekeeskees ? comme se dirait Gavroche.

Parlons avec respect. Il s'agit d'une question d'alimentation publique, le grand cœur du citoyen Thomy s'est ému à propos des rosbeefs et des beefstecks qui échappent aux poursuites affamées de la population malheureuse, par le fait d'un monopole barbare qui a fait élever le prix de la viande à soixante dix centimes le demi kilo. Le citoyen Thomy va faire cesser ce désordre, il a trouvé son homme au petit manteau bleu : le voilà : C'est M. Bourdon, le directeur futur de la boucherie des ménages, lequel vient d'une façon tout-à-fait désintéressée, et avec le plus absolu de tous les désintéressements dire à la population malheureuse : désormais vous pourrez dormir en paix et vous aurez l'estomac plein et chaud : je vous fournirai du bœuf d'une qualité quintessentielle : Zim boum, baoum, bahoum, boum boum.

Mais permettez, ô Thomy, souffrez de grâce, ô Lahuppe, que je vous fasse, ô grand apprenti de Cujas, une toute petite et simple observation :

Voilà que vous venez, tenant M. Bourdon par la main, et vous présentez ce nouveau bienfaiteur de l'humanité pour lequel vous demandez des souscriptions au bon public de Saint-Denis, en promettant qu'il va nous livrer le bœuf à raison de soixante centimes le demi kilogramme. Le prix actuel est soixante dix centimes. De sorte que le bénéfice offert par votre philosophie humanitaire se borne à la modique somme de dix centimes : eh bien, franchement, nous trouvons d'une

notre petite jaquette que cela ne vaut pas la peine
de faire tant d'embarras. N'est-ce pas ici le lieu
de rappeler ce couplet de la fille de Madame An-
go que vous avez cité naguère avec tant de jus-
tesse et d'a-propos :

> C'était pas la peine assurément
> De changer de gouvernement !

Il est vrai, que d'après votre dire, les bœufs de
la fameuse boucherie philharmonique des ménages seront beaucoup plus beaux, de meilleure
qualité et de digestion plus facile que ceux qui se
débitent actuellement au bazar. Mais pourquoi
donc cela, ô spirituel entrepreneur de réclame ?
Est-ce que, par hazard le nouvel entrepreneur
que vous protégez aurait eu la précaution de faire
avec la reine Ranavalo Mandjaka un sous-seing
privé par lequel sa majesté malgache se serait engagée à faire faire des bœufs exprès pour lui, d'a-
près les conditions de grandeur, grosseur, et
qualité que vous rédigeriez vous même de votre
plume élégante et facile ?

— Mon Dieu non ! Vous nous dites vous même que M. Bourdon a traité avec une maison de
Maurice qui s'est engagée à lui fournir, à prix
convenu de trente ou quarante piastres par bœuf,
des cargaisons livrables tous les deux mois. Voilà des bœufs qui vont rester en partie à Bourbon
pendant deux mois en attendant leur tour d'a-
batage. Qu'en fera t-on pendant ces deux mois
d'attente ? — On ne les mettra pas dans les bet-

reaux du « Moniteur » en les priant de lire la gazette ? — Non, vous nous dites que M. Bourdon s'est assuré des pâturages suffisants. Nous voulons bien le croire, quoique nous ne connaissions pas de pâturages disponibles dans les environs de Saint-Denis; mais enfin, en supposant que ces pâturages existent dans la nature, n'est-il pas permis de penser que les bœufs sortant des plaines fertiles de Madagascar, fatigués ensuite par des traversées quelquefois très pénibles et mis en fin de compte à un régime voisin de la diète dans les pâturages hypothétiques de la boucherie des ménages ne feront que maigrir, maigrir, maigrir pour arriver à l'état des carcans complétement décharnés.

C'est en effet dans cet état là que les sociétaires de la boucherie des ménages seront appelés à se les partager. Il y aura alors des réclamations, et comme à la boutique d'en face, mieux approvisionnée, par une foule de raisons que nous trouvons inutile de rappeler ici, il y aura du bœuf plus beau, de meilleure qualité et offert à moitié prix il est certain que tout le monde ira s'approvisionner là et que le bœuf de la boucherie des ménages restera littéralement pour les mouches.

Et ce ne sont pas les principes de la solidarité du progrès humanitaire et des associations coopératives de consommation qui empêcheront ce triste et pitoyable résultat.

Ah ! la boucherie des ménages veut être une société coopérative de consommation : c'est une nouvelle édition de la ruche de Saint-Pierre qui,

malgré l'appui des grands bras du citoyen Cro-
quemitaine, a fini par joncher le sol, comme une
vieille bombarde fêlée qui ressemble à un trou
dans la lune.

Certes nous ne voulons attaquer, en aucune
façon, la délicatesse ou l'honorabilité de M. Bourdon qui, en cherchant à ouvrir une boucherie et
à exercer une industrie libre et ouverte pour tout
le monde, ne fait qu'user d'un droit incontestable.
Il lui est évidemment loisible de chercher à faire
ses affaires là comme partout ailleurs; mais pourquoi vouloir faire de cet honnête industriel une
manière de philosophe humanitaire n'ayant d'autre mobile que l'amour du prochain et agissant
dans un but complètement désintéressé ? — Pourquoi faire de ce futur entrepreneur de boucherie
une espèce de grand pélican blanc qui s'ouvre les
flancs pour nourrir ses enfants quand tout le monde sait et comprend que l'industrie qu'il s'agit
de créer doit être administrée par un directeur
d'une grande activité qui a droit à une large ré-
munération ?

Voilà cependant ce que le « Moniteur » ne
craint pas d'affirmer dans sa réclame éminem-
ment charlatanesque. Mais le point où le citoyen
Thomy Labuppe nous paraît atteindre la dernière expression du haut comique, c'est le passage où il nous parle avec un imperturbable
sang-froid des bénéfices futurs de la boucherie
des ménages. Des avantages ! des bénéfices !
dans une industrie exercée dans de semblables

conditions, cela dépasse les bornes de la plaisanterie permise.

Il est facile de démontrer par les termes mêmes de l'article du « Moniteur » qu'on ne peut s'attendre qu'à des mécomptes et à des pertes certaines. Il ne faut pas égarer l'opinion publique. Il ne faut tromper personne lors même qu'on se propose d'enrôler la plus grande quantité possible de ces bipèdes toujours crachant qu'on appelle des actionnaires. Raisonnons un moment, s'il vous plaît :

Vous nous dites que vous recevrez une cargaison de bœufs tous les deux mois, eh bien ces bœufs arrivés à Bourbon, après avoir plus ou moins dépéri pendant les traversées, ne feront que dépérir encore dans la colonie, parce que vous n'avez pas de pâturages convenables. Votre idée de les mettre en cheptel chez les habitants qui profiteront du travail des bœufs est tout simplement dérisoire, car il faut seulement pour dresser ces animaux plus de quatre ou cinq mois, et votre approvisionnement se renouvelle tous les deux mois; comment arrangerez-vous la chose ? que signifie, dans la circonstance, cet attrape-nigaud que vous formulez ainsi dans votre réclame :

« On sait que plus le bœuf travaille et meilleure est sa chair. »

Non ! la vérité est que le bœuf que vous fournirez sera généralement de qualité très inférieure. Maintenant voulez-vous que je vous parle de vos prétendus bénéfices ? parlons en, la chose est curieuse :

Vous dites que vous livrerez à vos actionnaires, jusqu'à sept heures du matin, votre viande de bœuf à raison de 60 centimes le demi k·log. Ce prix peut être, en effet, assez rémunérateur pour des industriels qui seraient placés dans d'autres conditions que les vôtres. Mais vous, vous devez les morceaux de choix à vos actionnaires, — les morceaux de choix, c'est-à-dire, à peu près le quart du bœuf. A sept heures du matin le quart du bœuf est distribué sous forme de morceaux de choix à vos actionnaires et vous commencez la vente au public. Que lui offrez vous à ce bon public ? évidemment les trois quarts du bœuf restant et se composant des morceaux de basse qualité.

Voyons, croyez-vous que le public viendra acheter ces résidus là à raison de soixante centimes quand la concurrence en face lui offrira du bœuf de bien plus belle qualité à trente centimes ? — Est-ce admissible, est-ce sérieux ? — Comment ne voyez vous pas que vous serez obligé de jeter tous les matins les trois quarts de votre bœuf à la mer, et qu'avec cette perte, si vous ajoutez vos frais de direction, d'ouvriers, de parcage, d'abattage, vos frais quelconque de personnel et de matériel, l'insignifiante somme de dix mille francs que quelques actionnaires naïfs vous ont déjà confiée, dit-on, ne suffira même pas pour vous faire marcher pendant un mois.

De sorte que votre fameuse boucherie des ménages est tout simplement un enfant mort-né. Voilà son oraison funèbre.

Nous reviendrons plus tard sur ce sujet.

AUTRE QUESTION PHILANTROPIQUE

Nous nous apprêtions à prendre notre bâton de voyage pour commencer, ainsi que nous l'avons promis, nos pérégrinations fantaisistes à travers le budget, mais voilà que nous sommes encore arrêté par un grand bruit qui s'élève de l'officine du « Nouveau Salazien. » C'est encore une question philanthropique, question d'eau à St-Leu après la question de viande à St-Denis. Le « Nouveau Salazien » semble avoir pris à tâche de démontrer à ses abonnés qu'il se moque décidément d'eux. Les articles de fond sont signés tantôt A. R., tantôt DESVALLONS D'EAU. Ce brave Thomas Diafoirus perd réellement toute retenue et toute pudeur. Il ne se donne plus la peine de mettre une feuille de vigne à son Beaudenais.

Ah! quand papa Taratantara saura cela, Dieu! qu'est-ce qu'il dira ? Et les grands collaborateurs de Bois-Rouge, comment prendront-ils la chose ? On leur donne vraiment d'étranges confrères : c'est désobligeant. On veut bien être un

grand citoyen démocrate, mais on veut rester
homme comme il faut, et il est intolérable d'être
mis à la même gamelle littéraire, avec des ayas,
des calicots et autres publicistes à jusdain fari-
nes.

Le citoyen Desvallons, —question d'eau— que
par abréviation, nous appellerons simplement
Desvallousd-D'eau a pris comme nous le savons,
pour spécialité l'étude des questions d'eau de St-
Leu parce qu'il y trouve de temps en temps l'occasion de dégorger sa bile en versant une écritoi-
re sur M. Dussac. Cette triste manière de se con-
soler de ses infortunes électorales semble lui plai-
re infiniment. Laissons le, c'est un homme jugé.

C'est aussi, et surtout, un homme usé. On
l'a parfaitement compris à la rédaction du « Nouveau Salazien » qui ne pardonne pas à M. Dussac de ne pas donner la main à tout le monde
sous la varangue du Conseil général Alors on
a eu recours à une nouvelle diablerie pour satis-
faire certaines rancunes personnelles. On a réé-
dité, traduit, ponctué, et mis à peu près en fran-
çais les premières attaques du citoyen Desval-
lons-D'eau contre l'honorable M. Dussac. Et
comme il fallait une signature à ce nouveau fac-
tum, on a pris un nom approprié à la chose. Il
s'agissait d'une question d'eau, on a signé Hen-
ri Boué. Cela va sur l'eau.

On n'aurait jamais pensé à St-Leu que ce
brave M. Henry Boué, planteur d'un pauvre
petit champ de cannes s'occuperait un jour de
littérature et enverrait mettre sa prose dans une

gazette quelconque. Que vient-il faire dans cette galère ? s'il a quelques loisirs, après avoir gratté ses cannes, pourquoi ne va-t-il pas planter des choux ? C'est un métier plus propre que celui d'aller insulter des gens à qui on doit peut être quelque reconnaissance.

Laissons cela et revenons au personnel diffamatoire du « Nouveau Salazien. » J'appelle l'impudique Effronterie, et Bassesse répond : présent.

Les correspondances de la « Sentinelle de Maurice » viennent de recommencer. Nous en avons reçu le premier numéro par la dernière malle : cela promet pour l'avenir. Nous voyons là de belles choses, le correspondant anonyme signe Gracchus. Il ne nous dit pas quel est celui des fils de Cornélie qu'il a pris pour modèle ? est-ce Tibérius, est-ce Gracchus ? ce qu'il y a de certain, c'est que ce nouveau Gracchus est tout simplement un farceur chargé de chanter, par fas et nefas, les vertus champêtres de M. M. Drouhet Milhet et Crestien, et de hucher ces trois individualités là sur un piédestal digne de ses talents, mérites et capacités.

Voici la bonne blague que nous lisons dans cette fameuse correspondance mauricienne :

« Nous voilà enfin dotés d'un port à la Pointe-des-galets, grâce à M. Milhet, l'honorable maire de St-Paul, aidé de M. Crestien, notaire dans cette même commune, l'un et l'autre conseillers généraux ; grâce encore au conseil municipal ; grâce aussi à M. Drouhet qui a poursuivi en Fran-

se la réalisation de ces deux bienfaits avec l'éner-
gie, la persévérance et l'habileté auxquelles chacun ici, même ses ennemis, rend hommage.

« Loin de ma pensée de dire que M. Lacerve,
notre sénateur, et M. de Mahy, notre député,
sont restés neutres dans cette question.

« Non, ils y ont puissamment contribué, mais
il faut aussi reconnaître que sans M. Drouhet,
tout était perdu. »

Un peu plus loin, dans un autre passage, à propos de l'élection du Président du Conseil général,
le correspond Gracchus affirme que M. Charles
Dureau de Vaulconte n'a été nommé président que
parce que M. Drouhet était absent de la Colonie ;
et il ose ajouter que la présidence a été offerte à
M. Milhet, qui l'a refusée !

On croit rêver quand on lit de semblables énor-
mités.

Comment, gredin, peux tu soutenir de semblables choses? Tu sais bien cependant que lorsque
ta plume scélérate écrivait cela, tu disais sciem-
ment le contraire de la vérité, triple et sieffé menteur.

Quand le Conseil général, renouvelé par moitié
a été convoqué pour sa dernière session ordinaire, tout le monde était d'accord pour balayer les
membres de l'ancien bureau ; M. Drouhet eut-il
été présent, n'aurait pas été élu pour cela. Or
n'en voulait plus, à aucun prix. On n'en avait assez.

Quant à M. Milhet, sa candidature était grotesque. En vain il avait imposé aux nouveaux con-

seillers qu'il a fait passer sur sa liste aux élections de St Paul, l'obligation de voter pour l'ancien bureau dont il faisait partie; en vain il avait envoyé à St-Pierre son copia Gilles grosse Panse, chargé de proposer une combinaison présidentielle à son profit, il avait été repoussé partout avec perte. Voilà la vérité que la Sentinelle ferait bien, en conscience de porter à la connaissance de ses lecteurs.

M. Milhet refuser la présidence du Conseil général ! Ah ! vous le connaissez bien. Si cette présidence était le prix de la course, il consentirait, bien certainement à faire, pour l'obtenir, quatre fois le tour de l'hippodrome, en courant à pied, ventre à terre. Si cette présidence était attachée au bout du mât de cocagne, sur la place du gouvernement, M. Milhet irait la chercher au bout du mât de cocagne, au risque de se rompre le cou.

Parlons maintenant de la double question du port et du chemin de fer. N'est-il pas exorbitant d'entendre dire que la colonie est redevable à MM. Milhet, Crestien et Droulet du vote de la chambre des députés et du sénat ? Faites moi donc le plaisir de me dire ce que M. Crestien a fait dans cette affaire ? — Il peut avoir des relations avec M. Palla de la Barrière dont il cultive l'amitié pour avoir, comme notaire, les actes qui pourront être nécessaires à l'établissement du chemin de fer. Cette espérance sera probablement déçue, si, comme on nous l'apprend, M. Palla n'est plus rien dans l'opération. Quoi qu'il en soit, nous cherchons en vain en quoi cette attitude de M. Crestien vis-à-vis de M. Pallu de la Barrière mérite si fort la reconnaissance et l'admiration de la Colonie.

Quant à M. Milhet il a fait quelque chose. Par un entraînement qui n'a pas de précédent dans l'histoire, il a fait voter par sa commune, déjà gravement obérée, une somme d'argent assez importante qui a été remise à M. Drouhet pour faire un voyage d'agrément en France, où il s'est rendu, en toute hâte, pour éclairer le parlement national. Voyez-vous M. Drouhet qui éclaire la chambre des députés et le Sénat. Il arrive à Versailles quand tout est fini, le jour même où la chambre des députés vote la loi à une immense majorité, — l'adhésion du Sénat n'est plus qu'une simple formalité, si bien que, quelque temps après, nous apprenons qu'il a été complètement unanime. Tout cela n'empêche pas le correspondant Gracchus de dire que sans M. Drouhet tout était perdu. Ah! gredin de menteur !

Et voilà comment on écrit l'histoire. MM. Milhet et Crestien sont en train de passer à la postérité au moyen de la prose de Gracchus, et des vers de ce pauvre Saint-Amand, qui leur adresse de temps en temps, de petits quatrains boiteux et des sonnets borgnes. Que Minerve lui fasse miséricorde !

A TRAVERS LE BUDGET

Le Conseil général a terminé sa session de 1877 par un véritable coup de tête qui a peut-être eu la prétention d'être un coup de tonnerre; la vérité est que ce ne sera tout simplement qu'un coup d'épée dans l'eau. Nos honorables ont jeté les hauts cris à propos d'un arrêté local de M. le gouverneur réglementant les conditions de rengagements anticipés des indiens sujets britanniques. Il y a eu protestations, vociférations, appel au ministre et même au conseil d'état. On se basait, pour faire ce grand tapage, sur la lettre d'un article du sénatus-consulte qui règle les attributions du Conseil général dans la colonie. Cela peut-être vrai, mais il y a des exceptions à toutes les règles, et dans la circonstance délicate où la colonie se trouve placée vis-à-vis du gouvernement anglais, une convention internationale toute récente suffisait pour motiver et pour justifier une exception au droit commun. Le Conseil général n'a peut-être pas parfaitement compris cela. Il s'est laissé emporter par l'ardeur d'une indépendance mal raisonnée et peut-être aussi, un peu, par le désir de faire de la popularité.

Sans doute il est dur d'accorder un droit de veto à un consul étranger quelquefois déjà trop jaloux de ses prérogatives ; mais que voulez-vous faire à cela, si l'immigration est à ce prix ? — Si telle est la condition écrite dans la convention internationale ? C'est à prendre ou à laisser. — Voulez-vous de l'immigration ? Le croyez

...ous ...cessaire et indispensable à la colonie.
— Si oui il faut passer par là. Si non, non.
Vous laisserez vos terres en friches, et les dis-
cours sur la légalité et l'indépendance n'auront
nullement la vertu de les mettre en valeur. Le
chef de la Colonie a montré de la sagesse en maintenant sa décision. Le pouvoir central appré-
ciera, et lui donnera bien certainement raison ; ce
qu'il restera à faire aux mandataires de la colonie c'est de tenter la voie de juridiction gracieuse.
c'est de faire appel à la bienveillance du dépar-
tement et à la justice du gouvernement anglais.
Nous n'avons pas à faire les méchants. Malheureuse position d'avoir absolument besoin de
l'immigration !

Quoi qu'il en soit, après s'être livré à des dis-
cussions et à des protestations dans le genre de
celles que nous venons de faire connaître plus
haut ; après avoir perdu un temps considérable
à voter un projet de constitution coloniale qui ne
sera jamais pris au sérieux par le gouvernement
de la Métropole, le Conseil général s'est traîné de
prorogation en prorogation jusqu'au moment
où la session a été close avec une fâcheuse pré-
cipitation On a été obligé de voter le budget en
pagaille. La plupart des questions n'ont pas été
résolues, pas étudiées, pas même examinées.
Quelques unes cependant demandaient célérité.
N'importe ! A demain les affaires sérieuses !

On a nommé une commission qui sera chargée pendant l'intersession d'examiner et d'étudier tout cela. Il y a ... campagne à voir

en détail. Il y a des réformes à exécuter, des économies à réaliser, beaucoup de choses à faire. On compte sur une prochaine session extraordinaire avant la fin de l'année. Jetons un coup d'œil sur le budget.

Dans sa première séance, le conseil général a nommé une commission de sept membres chargée d'examiner le budget présenté par l'administration pour l'exercice de l'année 1878. C'est toujours ainsi qu'on procède à l'ouverture de chaque session ordinaire.

Les membres de cette commission du budget sont :

MM. Charles Dureau de Vaulcomte, président; Reversé, Frappier, Denis de Kivéguen, Dussac, Milbet, Fortuné Naturel, rapporteur.

On dit que le rêve du matelot est d'avoir une écuelle en argent, il paraît que celui de M. Naturel était d'être nommé rapporteur d'une commission du budget. Le voilà satisfait. Il est aux anges, il aura son monument auquel il donnera la couleur vert tendre.

Il ne faudrait pas cependant oublier cette grave parole d'un grand orateur de la révolution : « La roche Tharpéienne n'est pas loin du capitole. »

Quand la commission du budget fut nommée et que M. Fortuné Naturel en fut nommé rapporteur les rédacteurs du « Moniteur, » de la « Malle, » et du « Commerce » ne purent contenir le débordement de leur enthousiasme, ils se tournèrent à la fois vis-à-vis le brillant conseiller général de St-Louis et se mirent à l'adorer. Cet heureux choix d'un rapporteur sans pareil, ce choix si supérieurement intelligent d'un rapporteur comme il y en a peu, et même comme il n'y en a pas du tout, est annoncé comme un événement par les trois journaux dont nous venons de parler. Le « Moniteur » ouvrit la marche et fit lire en tête de ses faits divers l'avis suivant :

« Nous apprenons avec empressement à nos lecteurs cette bonne nouvelle: la commission du budget a choisi pour rapporteur M. Fortuné Naturel. »

La « Malle » a emboîté le pas à peu près dans les termes suivants :

« Nous apprenons avec une extrême satisfaction que la commission du budget a choisi M. Fortuné Naturel pour son rapporteur- »

Enfin, le pauvre Journal du « Commerce » lui-même a suivi le courant, et il a fait preuve d'admiration, d'adoration en criant tant qu'il a pu: « vive le rapporteur Fortuné. »

Pendant ce temps là les deux autres organes de la presse locale, le « Travail » et le « Nouveau Salazien, » attendaient en riant dans leur barbe. Ils n'avaient pas tout-à-fait tort. On doit toujours attendre que le chef-d'œuvre soit exécuté avant de casser l'encensoir sur le nez de celui qui doit le produire.

Le chef-d'œuvre, c'est le rapport, se fit longtemps attendre. Au bout de deux mois il n'était pas encore parachevé. M. Naturel prenait son temps. Et puis il avait quelquefois de petites se-

…, et souvent aussi la migraine comme les jolies femmes : le conseil général pouvait bien chômer dans la douce perspective de l'œuvre promise. Un autre aurait peut-être bâclé cette besogne en 24 heures ou 8 jours au plus ; mais il y a rapport et rapport comme il y a fagot et fagot, et quel rapport, n'attendait-on pas de la plume élégante, indépendante et superlativement éloquente de l'heureux M. Fortuné Naturel.

Quel est donc cet homme qui a le singulier privilège d'être porté aux nues, par la « La Wallie, » sans être clérical et pieux ; par le « Journal du « Commerce, sans être républicain et progressiste : par le « Moniteur enfin, sans être pour le moment radical utopiste, casseur d'assiettes et insignifiant ? Il y a là une énigme qu'il faudra fouiller.

C'est ici le lieu de donner à nos lecteurs, comme nous l'avons promis, le profil du représentant du canton Saint-Louis.

Disons le en commençant, nous serions désolé si nous devions être accusé de vouloir amoindrir la personnalité de M. Fortuné Naturel. Pourquoi le ferions nous ? — Nous n'avons aucun motif. M. Fortuné Naturel est sans contredit un créole distingué, il offrirait peu de prise à la critique s'il était un peu plus sérieux et beaucoup plus modeste. Nous ne le flatterons pas, nous lui dirons franchement la vérité, et en cela nous lui rendrons peut-être un plus grand service que les flagorneurs dont les éloges exagérés ne servent qu'à lui faire oublier des défauts dont il pourrait se corriger.

M. Naturel est aujourd'hui un homme d'une quarantaine d'années. Il est né à St-Denis dans le quartier de la Rivière. Expédié jeune en France il est revenu dans la colonie avec le diplôme de licencié en droit. Inscrit au barreau de St-Denis le jeune avocat, par sa bonne tenue, son ordre, son économie un peu sévère, et surtout ses facultés naturelles et son talent a su bientôt se faire une position qui lui permet de choisir désormais ses causes. Avec toutes ces heureuses qualités, il faut le dire cependant avec regret, M. Fortuné Naturel a peu ou point d'amis parmi ses confrères. C'est qu'il pense peut être, comme un avocat célèbre de notre ancien barreau, que pour être vraiment éloquent il faut mépriser son auditoire. C'est un tort : il ne faut pas se laisser intimider par son auditoire, mais il faut le respecter, car il est le souverain juge et ne pardonne pas même à l'homme de talent qui se permet d'afficher une incommensurable présomption.

On devient quelquefois ridicule en pensant être sublime. Un conseiller à la cour, homme spirituel et profond, avait appelé M. Fortuné Naturel « le petit séminariste. » Faisait-il allusion à la taille, au col blanc, à la tenue irréprochable, à la calvitie précoce qui lui fait une tonsure mal déguisée derrière la tête, nous ne saurions le dire. Ce qu'il y a de certain c'est que le sobriquet faisait image. Ce qu'il y a de certain c'est que M. Fortuné Naturel est un des avocats les plus en renom de St-Denis. Il a été nommé l'avocat du gou-

vernement, position lucrative qui l'appelle à re-
présenter l'administration dans tous les procès
qu'elle a à soutenir devant les tribunaux de la colonie.

Passons maintenant au chapitre de la vie poli-
tique.

En 1871, quand le suffrage universel a été rendu à la colonie, et que nous avons eu notre premier conseil général élu, M. Naturel a été nommé
représentant du canton Saint-Philippe et Saint-
Joseph. Des clients qu'il avait là bas avaient posé et fait réussir sa candidature.

M. Fortuné Naturel s'est immédiatement posé
avec avantage dans le nouveau conseil général
élu, il est devenu de suite ce qu'il est resté, l'o-
rateur dévoué du parti conservateur. Il a rendu
dans cette position des services incontestables
qu'il serait injuste de méconnaitre. Il a combattu
les regards ; il s'est opposé à la désorganisation
des services; il a voté contre la suppression des
receveurs d'enregistrement de St-Louis et de
St-Joseph qui, sacrifiés d'abord, ont été rétablis
depuis grâce à ses persévérants efforts ; il a été
chargé de travaux importants par le conseil,
entre autres le rapport de la loi forestière dont il
s'est tiré avec honneur.

Il faut reconnaitre tout cela ; mais tout cela
n'excuse pas l'attitude quelques fois étrange, et
les certains airs, souvent énormes, que M. Fortuné Naturel prend ordinairement au sein du
conseil général. Si M. Naturel avait eu affaire à
une critique sérieuse, loyale et juste en même

temps que sévère, il aurait pu faire des progrès qu'il n'a pas fait et corriger des défauts qui lui restent. Il n'en a pas été ainsi. Les uns, comme le « Commerce » et la « Malle, » l'ont admiré à tort et à travers, les autres, comme le « Nouveau Salazien » l'ont éreinté sans raison et souvent avec la plus criante injustice. Les uns et les autres ont manqué leur but : le public impartial n'a ratifié ni le blâme, ni les éloges, et M. Naturel est resté ce qu'il est, ni mieux, ni pire. Il pourrait être mieux, en veillant sur lui-même.

Nous avons dit que M. Naturel était l'orateur du parti conservateur au Conseil général. Est-il orateur ? — si l'on entend par cette expression, du mot latin « orare » parler, celui qui parle debout, fort et longtemps, en agitant les bras, il y a beaucoup de gens qui peuvent se dire orateurs, mais si l'on entend par ces mots un de ces mortels privilégiés, dont le regard est de flamme et dont la lèvre frémissante laisse échapper ces chaines d'or et de fleurs qui tombent sur les auditeurs charmés, pour les lier et les entraîner dans le domaine de l'esprit et de la raison, oh ! alors, c'est autre chose: nous avons vu autrefois des orateurs qui s'appelaient Lamartine et Berryer, il y en a aujourd'hui qui s'appellent Victor Hugo et Gambetta, mais nous n'en connaissons pas beaucoup dans le conseil général actuel de l'Ile de la Réunion. M. Fortuné Naturel est un agréable causeur.

Il est d'une taille au-dessous de la moyenne,

ce qui est un désavantage pour le débit oratoire; M. Thiers en est convenu bien souvent.

Lorsque M. Naturel traite un sujet qu'il a bien préparé et qu'il possède, il peut être charmant... mais il ne faut pas qu'il cherche à se hausser trop présomptueusement sur les sommets les plus escarpés de l'art oratoire. Sa présomption alors peut tout gâter. Il arrive quelquefois au représentant du canton de St Louis de se laisser emporter par son sujet: alors il s'élève sur la pointe des pieds, et imprime à tout son corps une espèce de dandinement en frappant le sol de ses deux talons, ce qui force toute son éloquence à descendre dans ses jarrets. Nous pensons que ce geste-là est faux, M. Naturel ferait bien de s'en abstenir.

M. Naturel est trop jeune pour être un savant: nous ne le croyons pas un grand travailleur; mais il supplée à la science par une intelligence d'une très grande vivacité: il s'approprie très facilement ce qu'il se donne la peine d'étudier. Souvent il arrive au conseil sans connaître un traître mot des questions qui sont mises en délibération. Il ne dit rien d'abord, écoute la discussion et quand tout le monde a parlé, il prend la parole pour tout condenser dans un résumé brillant et limpide. Il emporte la question, on croit que c'est lui qui a tout préparé et tout fait. Il n'a rien fait et rien préparé, il ne se doutait de rien quand il est arrivé.

La brillante faculté dont nous venons de parler, son habitude de la parole, son élocution élogante et facile lui donne un grand avantage dans la discussion.

Revenons au budget. M. Fortuné Naturel a eu tort d'accepter la charge de rapporteur de la commission du budget. Cette tâche n'entre pas dans ses aptitudes, ce n'est point un homme de chiffres, il ne s'est jamais douté de ce qu'on peut appeler les sciences mathématiques. Il n'a pas le sérieux qu'il faut pour balancer ces graves questions du doit et de l'avoir. C'est un causeur brillant, très bien peigné, très bien mis. Il a des oiseaux et des fleurs comme une petite-maîtresse ; son cabinet est un boudoir orné de gravures, de statuettes et de porcelaine de chine ; allez chez lui, on croirait entrer dans un appartement de la rue de Notre Dame des Lorettes ; en quoi tout cela peut-il être compatible avec les graves calculs du financier, l'assiette de l'impôt, la perception des droits d'octroi, les recettes pour ordre et les comptes d'exercices clos?

Quand le rapport de la commission du budget pour l'exercice de 1878 a enfin paru, après deux mois de retard, avec sa couverture vert tendre, les rédacteurs du « Moniteur, » de la « Malle et du Journal du Commerce ont dû être très sérieusement embarrassés. Il fallait faire l'éloge de cela : mais cela n'était guère louable. C'est une pâle copie de tous les rapports précédents qui ont tous été jugés avec plus ou moins de sévérité. C'est une reproduction à peu près servile, sauf quelques réflexions plus ou moins justes, de l'examen des motifs de M. le Directeur de l'intérieur au bas duquel il aurait suffi d'écrire: amen.

Après cela M. Naturel a peut être rendu un grand service, dans la circonstance, au conseil général, c'est celui de démontrer qu'un rapport de la commission du budget est une chose parfaitement inutile. On peut en effet discuter et voter articles par articles le projet du budget présenté par l'administration avec son exposé des motifs, sans avoir besoin des lumières d'une commission et d'un rapporteur sur lesquels on compte en vain pour éclairer les questions.

Maintenant il faut être juste, si le rapport de M. Naturel ne signifie rien ou du moins pas grand chose, s'il ne contient aucun aperçu nouveau, aucune discussion sérieuse, aucune réforme utile, nous devons dire qu'il est écrit d'une façon correcte et même élégante, et que deplus il est clair et limpide. C'est ce qui a sauvé les journaux qui étaient obligés d'en faire l'éloge.

La Malle, qui n'est pas éloignée de demander à la commission du budget la réforme de l'assiette de l'impot, a laissé de coté cette petite question qui n'a pas préoccupé M. Naturel, elle s'est contentée de louer la forme élégante du monument vert tendre, en s'écriant que, jouissant du bonheur d'être groupés par M. Naturel, « jamais des chiffres ne se sont trouvés à pareille cuisine ! »

Le « Moniteur » a été plus drôle encore: son rédacteur qui arrive de France a vu chez les banquiers de Paris les garçons compter l'argent avec une adresse et une dextérité surprenantes,

Ces employés prennent une pile de pièces de 5 francs dans la main droite et la font glisser rapidement dans la main gauche, puis une autre pile de la main gauche qu'ils font glisser dans la main droite, et le compte est fait, il n'y a jamais d'erreur : c'est de la prestidigitation. M. Thomy Lahuppe n'a rien trouvé de mieux pour louer M. Naturel que de le comparer à un commis de banquier chargé de compter des pièces de 5 francs. C'est réellement une charmante blague.

Pour le pauvre journal du « Commerce » il a été réellement un peu plus embarrassé, Jean Grézas avait l'habitude d'éreinter tous les rapporteurs du budget qui n'ont jamais voulu s'occuper de la réforme de l'assiette de l'impôt, en prétendant qu'il est dangereux de bouleverser notre système financier dans le moment critique que nous traversons, et M. Naturel a justement dit la même chose. Diable ! comment faire ? comment louer celui-ci qui se trouve dans le même cas que ceux là qu'on a blâmés d'une façon si sévère ? — Jean Grézas se tire de peine en glissant sur la question des réformes budgétaires et en disant que le rapport de M. Naturel est parfait parce qu'il est clair et limpide. Ce qui est vrai.

Enfin le rapport de la commission du budget fut mis à l'ordre du jour du conseil général. Après les délibér... préliminaires la discussion générale fut ouverte, M. Fernand Naturel fut mis sur la sellette pendant plusieurs séances. Il faut dire qu'il n'y fit pas trop mauvaise figure. Il est dans son élément quand il s'agit de parler et de discuter sur n'importe quoi.

Cependant il y avait des choses assez excentriques dans cette entrée en matière du rapporteur de la commission du budget. Le premier paragraphe provoqua des critiques assez vives de la part du citoyen Victor Tralle. M. Naturel s'était exprimé ainsi :

« Il était difficile que notre budget pour l'exercice 1878 différât sensiblement de celui voté pour l'exercice 1877. Outre qu'un budget ne s'improvise pas et ne saurait même se transformer du jour au lendemain, celui dont nous nous occupons peut être considéré aujourd'hui, après une expérience de plusieurs années, comme le bilan normal de la colonie. »

Je proteste, s'écria le rédacteur du « Travail » membre du Conseil général pour le canton Saint Louis. Un budget normal est celui qu'il faut logiquement et nécessairement voter chaque année pour assurer la marche régulière des services, or il n'est ni logique ni nécessaire de faire dépenser la somme ronde de cinq millions à un pays dont le revenu est bien d'atteindre ce chiffre relativement important. Votre budget normal est une erreur réellement déplorable. Il fait que depuis longtemps nous nous endettions de six millions par an. Il nous mène à la misère et à la ruine. Il faut modifier tout ce système-là.

Là dessus s'engage une longue et interminable discussion, sur le revenu net, la balance commerciale, la réforme de l'assiette de l'impôt. Les économies à réaliser dans le personnel des différents services et une foule d'autres questions économiques dans lesquels le rapporteur a l'air de ne voir que le fond. Néanmoins il combat avec vigueur, sinon par ses connaissances spéciales, du moins par sa grande facilité d'élocution. Cependant la discussion s'égare et le conseil pour sortir du gâchis, est obligé de renvoyer le tout à la commission spéciale chargée, pendant l'inter session, d'étudier les différents projets de reformes économiques et budgétaires. On compte sur une session extraordinaire avant la fin de l'année.

Un autre point qui a suscité encore du désagrément au rapporteur de la commission du budget, est celui où, d'une façon peu bienveillante, d'un air aigre doux, moitié figue et moitié raisin, il a cherché à insinuer que l'administration en proposant de taxes nouvelles n'était pas dans les faits toujours d'accord avec ses paroles. Ceci n'était pas très sérieux, c'était de la taquinerie. Le commissaire du gouvernement s'est chargé, lui-même, de donner au rapporteur une leçon de convenances. L'administration en proposant de créer quelques taxes insignifiantes sur les allumettes chimiques et le papier à cigarettes, en rétablissant un faible impôt sur les voitures, en retirant aux communes des allocations qui leur avaient été accordées à titre gracieux ; n'a nullement abandonné son programme d'éviter avec soin l'augmentation des charges des contribuables. D'ailleurs toutes ces dispositions ont été votées avec empressement par la grande majorité du conseil général, et on ne comprend pas qu'un rapporteur de la commission du budget puisse s'en emparer pour en faire un grief contre l'administration.

Cette forme augmentation a dû nécessairement arrêter M. Fortuné Naturel dans ses velléités d'indépendance : il a fait l'écrevisse. Il a reconnu avec politesse qu'il n'avait jamais eu l'idée d'incriminer les intentions de l'administration, que tout ce qui avait été fait, était bien fait et que, pour son compte personnel, il était parfaitement disposé à voter toute espèce de taxes nouvelles. C'est bien, tout est bien qui finit bien !

Après la discussion générale, on passa au vote du budget, chapitre par chapitre, et article par article. Ce vote, comme nous l'avons dit, a eu lieu au pas de course pour beaucoup de questions, le conseil avait l'échéance dans les reins, il avait perdu beaucoup de temps, il n'en avait plus assez devant lui. Il a fallu renvoyer bien des choses à la commission d'intercession, et à une prochaine session extraordinaire.

Nous nous occuperons, dans cette première partie de notre voyage en zigzag à travers le budget, de plusieurs économies qu'il est possible et facile de réaliser dans l'intérêt de nos finances, sans entraver la marche des services et, au contraire, en améliorant et en simplifiant la marche des services.

Parlons de l'hôpital colonial. Voici ce que nous

lisons, à propos de cet article, dans le rapport de la commission du budget :

« M. le directeur de l'intérieur a signalé lui-même les abus qui s'étaient multipliés à l'hôpital colonial de St-Denis, notamment au sujet de l'alimentation et des frais de médicaments ; seulement, il se fait fort de prévenir ces mêmes abus par un contrôle plus sévère, et de diminuer dans l'avenir la dépense de près de 20,000 francs. Mais, pour le moment, on sollicite les mêmes crédits. La commission préoccupée du prix de revient de la journée d'un malade à l'hôpital colonial de St-Denis, s'est demandé s'il ne serait pas moins onéreux de traiter avec la municipalité de St-Denis et d'adresser les malades à l'hospice communal de la ville ; c'est pourquoi elle prie l'administration de faire étudier la question dans ce sens. Cela dit, elle a accepté les chiffres proposés pour le personnel et le matériel ; soit 56,750 fr. »

Conformément à l'avis de la commission ci-dessus, formulé par le rapporteur, le conseil général a voté le crédit de 56.750 francs demandé, et à la majorité de 14 voix sur 16, il a émis le vœu que l'administration fasse étudier les moyens de faire traiter à l'hôpital communal les malades dont les soins incombent au service local. Tout le monde attend de la bienveillante sollicitude de l'administration la suppression de l'hôpital colonial. Les raisons qui militent en faveur de cette mesure sont nombreuses, et tout le monde peut les apprécier. Il faut mettre de côté les questions de personnes qui doivent toujours s'effacer devant les considérations supérieures de l'intérêt général,

Presque exclusivement, l'hopital colonial n'est plus aujourd'hui que la surcursale onéreuse de l'infirmerie de la geole. Les autres malades du service local, employés de la direction de l'intérieur, du Lycée, des services des ponts-et-chaussées, des eaux et forêts,, de la douane et des contributions diverses, offrent un très faible contingent aux malades de l'hopital colonial. Ces fonctionnaires, ordinairement en famille, aiment mieux se faire traiter chez eux, surtout depuis quelque temps la direction de l'établissement n'étant pas toujours aimable et gracieuse pour les pensionnaires. Il n'y a gubre, actuellement, à l'hopital colonial qu'une vingtaine de malades venus de la geole. Ce nombre pourrait peut-être être encore diminué, si l'on n'envoyait à l'hôpital colonial, et surtout si l'on n'y conservait, que des condamnés qui ont besoin d'y être.

Eh bien, il est évident que pour un nombre restreint de condamnés, et pour quelques rares fonctionnaires qui aiment mieux se faire traiter ailleurs, une dépense de 56,750 francs est une chose réellement exorbitante. En traitant avec la municipalité de Saint-Denis on ferait peut-être une économie des quatre cinquiemes de cette somme. Voilà pour la question d'économie.

Nous reviendrons là-dessus dans la seconde partie de notre travail.

V. G.

VOYAGE EN ZIGZAG

A TRAVERS

LE BUDGET.

(Suite)

par

VICTOR GRENIER

Prix : 1 franc 25

Typ. Th. Cazal. (Saint-Denis Réunion)

1877.

VOYAGE EN ZIGZAGS A TRAVERS LE BUDGET.

(Suite)

L'HOPITAL COLONIAL.

Nous reprenons aujourd'hui notre voyage en zigzags, que l'espace et le temps ne nous avaient pas permis d'achever dans notre dernière publication.

Nous avions commencé à nous occuper de l'hopital colonial. Nous avons déjà fait connaitre à nos lecteurs que le Conseil général, dans la dernière session ordinaire qui vient de se terminer, avait, sous forme de prière, émis le vœu que l'administration voulut bien présenter, d'entente avec la municipalité, un projet en vertu duquel l'hopital colonial serait supprimé, et les malades du service local traités à l'hopital communal.

Cette combinaison toute simple est évidemment avantageuse aux intérêts de la commune aussi bien qu'à ceux du trésor de la colonie. L'administration municipale de St-Denis pourrait, en effet, y trouver un juste bénéfice qui viendrait alléger les charges que lui impose son etablissement hospitalier, pendant que la colonie pourrait payer moins cher des frais d'hopitaux relativement considérables avec l'agencement actuel de l'hopital colonial.

L'hôpital colonial grève actuellement le budget des dépenses, pour l'exercice 1878, de la somme de 56,730 francs, ce qui est réellement exorbitant quand on pense que cet établissement n'est plus actuellement, à proprement parler, que la succursale de l'infirmerie de la geôle, et que les soins hospitaliers ne s'y donnent guère qu'à une vingtaine de condamnés qu'on pourrait parfaitement faire traiter ailleurs.

En traitant avec la municipalité de St-Denis, à des conditions équitables, la colonie ferait peut-être une économie des quatre cinquièmes de la somme qu'elle dépense actuellement pour ses malades.

Voilà pour ce qui concerne la question d'économie. Passons à un autre point.

L'hôpital colonial d'après son agencement actuel, est une entrave, une gêne, une préoccupation, un souci perpétuel pour la direction de l'intérieur qui est obligé d'y exercer une surveillance de tous les instants. C'est le chef du bureau des finances qui est réellement de fait le directeur de l'hôpital colonial, il doit, heure par heure, tout contrôler, il signe les billets d'entrée, il signe et vérifie toutes les demandes de médicaments, il fait des bons pour 30 centimes de graine de lin. Le directeur titulaire n'a plus de caisse, il ne touche rien, il ne paye rien, c'est un rouage insignifiant et parfaitement inutile qui coûte à peu près 5,000 fr. par an. M. Gabriel Labuppe a trouvé que ce n'était pas assez l'a proposé dans la session qui vient de se terminer de voter une indemnité de logement au vieux et intéressant directeur actuel de l'hopital. Le pauvre homme a besoin d'avoir des appartements convenables aux frais de la colonie. Il était naguère employé comme gratte-papier dans les bureaux du secrétariat du gouvernement à raison de douze ou quinze cents francs par an, tout-à-coup, du jour au lendemain, par une fortune inespérée, il obtient le traitement qu'on alloue, après 25 ans de service, à un laborieux et intelligent conducteur principal des ponts-et-chaussées, 5,000 fr.! — Et ce n'est pas assez : le pauvre homme ! M. Gabriel Lahuppe veut qu'on lui vote encore des indemnités.

Cette proposition ridicule de M. Gabriel Lahuppe a été traitée comme elle le méritait par le conseil général. Elle a été repoussée à l'unanimité moins une voix.

Un autre motif de supprimer l'hopital colonial actuel se base sur un intérêt de premier ordre puisqu'il s'agit d'une question de salubrité publique, et de l'état hygiénique d'un des quartiers les plus importants et les plus populeux de la ville de St-Denis.

L'hopital colonial actuel est situé au centre du quartier de la Rivière ; dans un endroit retreci, fermé de tous côtés par des remparts naturels qui s'élèvent à une hauteur considérable. L'air est emprisonné dans cette gorge, et les miasmes qui s'y dégagent peuvent évidemment compromettre l'existence de tous les habitants du quartier dans un temps d'épidémie. Une enquête de commode et incommode démontrerait la nécessité de placer ailleurs l'établissement de l'hôpital colonial. Plusieurs fois les habitants du quartier de la Rivière ont voulu pétitionner dans ce sens. Ils ne manqueront pas de le faire quand une maladie pestilentielle viendra leur démontrer, par des faits lamentables, l'imminence du danger qui les menace ! l'administration ne pourra pas alors s'empêcher de prendre des mesures radicales pour garantir la sécurité des habitants. Il sera peut être un peu tard ! Pourquoi ne pas prévenir le mal, et faire aujourd'hui par sagesse et par précaution, ce que la plus impérieuse nécessité forcera sans doute à faire plus tard ? — L'occasion est bonne aujourd'hui, puisque la question de prévoyance et de salubrité publique se concilie parfaitement avec une question d'économie budgétaire ; l'administration ne manquera pas de la saisir, comme elle y est sollicitée, du reste, par le vœu du conseil général que nous avons fait connaître plus haut.

La municipalité de St-Denis mettra t-elle un obstacle à l'exécution de ce vœu ? nous ne le pensons pas, et il est facile de démontrer au contraire que les membres du conseil de commune ont le devoir d'accueillir avec le plus grand empressement le vœu du conseil général, en regrettant seulement de n'avoir pas pris l'initiative dans cette importante question.

En effet, ne s'agit-il pas ici d'une question de salubrité publique qui intéresse un des quartiers les plus importants de la ville ? — Les représentants de la Rivière au conseil de commune ne doivent-ils pas faire comprendre à leurs collègues tout le danger qu'offre actuellement la situation topographique de l'hôpital colonial ?

D'un autre côté ne ferait-on pas prendre en considération le bénéfice que la municipalité serait appelée à faire dans une combinaison dont le résultat serait de diminuer d'une façon considérable ses frais d'hôpitaux ?

Si nous sommes bien informé, la journée d'un malade à l'hôpital communal revient à l'administration municipale à 1 franc au plus, tandis que la même journée de malade à l'hôpital colonial, coûte au service local la somme relativement énorme de 2 fr. 80 centimes. L'administration proposerait au moins 1 fr. 50 c. par journée à la municipalité qui recevrait les malades de service local. Ce serait pour l'administration un bénéfice de 1 fr. 20 et pour la municipalité un bénéfice de plus de 30 centimes par journée de malades. Quelles sont les raisons qu'on pourrait faire valoir en vérité pour refuser une combinaison qui offrirait de si grands avantages ? — mettons de coté les questions d'intérêt personnel, nous y reviendrons dans un moment, pour en dire un mot en passant ; examinons actuellement une objection que nous avons entendu faire, mais qui ne nous parait nullement sérieuse

Nous avons entendu dire que la municipalité de St.-Denis refuserait de recevoir les malades du service local par une raison bien singulière : c'est que dans ce cas, la municipalité de Saint-Denis ne serait pas maîtresse chez elle ! l'administration centrale de la colonie finirait par l'absorber ! il n'y aurait plus d'hôpital communal. On donne pour preuve de cela, ce qui s'est passé pour le service de la police : l'autorité locale, sous prétexte de fonder l'autonomie financière des communes en décentralisant le service de la police, n'a fait autre chose que ceci : mettre les frais de la police à la charge des communes en détruisant la police municipale. Voilà. On ne veut pas d'un semblable résultat pour le service des hôpitaux, et quand l'administration générale viendra proposer à la commune de St-Denis de recevoir les malades du service local à des conditions très avantageuses, on ne se donnera même pas la peine de l'écouter, on lui répondra : non ! — Non ! nous ne voulons pas d'affaire avec vous, parce que vous aller nous absorber, parce que vous allez nous annihiler, parce que vous allez nous réduire à l'état d'esclavage administratif avec vos exigences sans fin : vous aurez un contrôle impossible, et avec des arrêtés que vous allez prendre, vous réduirez la commune qui fait parfaitement et très économiquement son service hospitalier, à dépenser des sommes folles pour les journées de ses malades ! —

Voilà ce que l'on dit. Est-ce que tout cela est bien sérieux ?

D'abord il faut faire justice de cette singulière manière de comprendre le principe de l'autonomie financière des communes qui consisterait à proclamer que les communes doivent se désintéresser complètement des questions qui regardent le service local et général, et qu'elles doivent se montrer, si non hostiles, du moins complètement étrangères aux intérêts généraux de la colonie.

Qu'est-ce à dire ? quel est cet étrange système administratif ? la commune se mettrait en lutte contre la colonie, et malgré des avantages évidents, elle lui refuserait son concours ? La fille s'armerait contre la mère, la partie contre le tout. Mais c'est insensé.

Est-ce que les contribuables qui alimentent la caisse communale ne sont pas les mêmes que ceux qui payent l'impôt au trésor local pour faire marcher les services généraux de la colonie ? et ces malheureux contribuables quand on leur proposera une économie sérieuse de nature à alléger leurs charges coloniales aussi bien que communales, n'auront-ils pas le droit d'être profondément étonnés quand ils verront rejeter, en vertu de je ne sais quelle susceptibilité, et de je ne sais quelle distinction bizarre, un projet dont le résultat final serait d'amoindrir ses charges.

Mais quoi ! toutes les craintes que nous venons d'énumérer plus haut sont-elles réellement sérieuses ? assurément non. Si la municipalité de St-Denis traitait avec l'administration centrale de la colonie pour recevoir les malades du service local, ce serait un contrat ordinaire qui se discuté librement, et dont toutes les clauses pourraient être prévues et définies à l'avance. Un arrêté local ne pourrait pas venir les modifier, par des raisons émanant du caprice plus ou moins exigeant de l'autorité supérieure. La chose est inadmissible, et si par impossible elle venait à se produire, les tribunaux compétents ne sont-ils pas là, avec tous leurs degrés de juridiction, pour faire bonne et prompte justice.

Non, dans l'état actuel de la question, la municipalité de la ville de St-Denis, ne peut pas refuser de recevoir les malades du service local à l'hôpital communal, à des conditions convenables et justes pour la commune et pour l'administration centrale.

Cette combinaison est nécessaire : premièrement par des raisons d'économies, deuxièmement par des motifs d'hygiène. — le quartier de la Rivière pouvant être compromis en temps d'épidémie par un foyer d'infection justement placé à son centre ; troisièmement enfin, parce que le controle et la direction de l'hôpital colonial actuel, est une entrave et un souci perpétuels pour la direction de l'intérieur, dont les fonctionnaires peuvent être bien plus utilement employés à faire autre chose.

On nous a fait cette objection : mais si l'on supprime l'hôpital colonial actuel, comment feront les particuliers et surtout les marins du commerce qui viennent quelquefois s'y faire traiter ? — A cela nous répondrons que l'hopital colonial n'est point une maison de santé ordinaire créé pour recevoir des particuliers à des conditions plus ou moins rémunératrices. Si un établissement de ce genre est nécessaire à Saint-Denis, il se fond en, bien certainement. Il faut en laisser l'initiative à la spéculation privée. L'administration n'a pas à s'occuper de semblables affaires. Et, dans tous les cas, pourquoi l'hopital communal ne ferait-il pas aussi quelquefois et par exception ce qui se pratique à l'hopital colonial pour les malades de la marine marchande et pour quelques particuliers ? nous ne voyons pas d'impossibilité à cela.

Nous avons dit précédemment que nous ne voulons pas nous occuper ici de questions de personnes. Nous n'en dirons qu'un mot en passant.

Tout le monde comprend que nous n'avons pas à parler ici des honorables praticiens auxquels est actuellement confié le service médical de l'hopital colonial. Leur honorabilité est en dehors de toute question et ils sont bien certainement au-dessus du modique traitement de dix-huit cents francs qu'ils touchent pour remplir des fonctions qui devraient sans doute être beaucoup mieux remunérés. Non ! il ne s'agit pas des médecins de l'hopital colonial qui pourront toujours employer leur temps ailleurs, et dont les services seront probablement réclamés par la municipalité même, dans le cas où les malades du service local seraient transférés à l'hôpital communal.

Nous ne parlerons pas non plus des propriétaires de l'immeuble où se trouve actuellement établi l'hôpital colonial. Cet immeuble appartenant à des particuliers, et donné à bail à l'administration locale peut facilement recevoir une autre destination que celle qui lui a été donnée jusqu'à présent, et ses propriétaires n'ont pas la prétention de l'imposer aux finances de la colonie comme une charge à perpétuité.

D'un autre côté les bonnes sœurs qui font le service de l'hôpital colonial, trouveront toujours, après la fermeture de cet établissement, le moyen d'employer ailleurs leur zèle pieux et leur inaltérable dévouement pour les malades. Alors, quoi ? il ne reste plus que le directeur de l'hôpital colonial, personnage déjà nommé plus haut. Disons de suite que sa position personnelle ne nous semble pas à ce point inattaquable qu'il ne soit pas permis de la discuter dans un intérêt public de premier ordre. D'ailleurs ses droits acquis sont d'une origine assez récente pour qu'il soit encore temps de les contester. S'il s'agissait d'un fonctionnaire qui compterait de longs et loyaux services, à la bonne heure ! il y aurait des ménagements à prendre et des égards à observer ; mais il n'en est pas ainsi du directeur actuel qui n'est en fonction que depuis quelques mois, et dont le talent administratif n'a encore produit aucune merveille. Joignez à cela que la nationalité de ce personnage n'est même pas parfaitement connue, et que c'est une question de savoir si, comme les autres immigrants qui habitent notre pays, il n'a pas le droit de recourir, dans des moments donnés, à la protection du consul de sa majesté britannique.

Supposons maintenant que par impossible, et malgré toutes les meilleures raisons du monde, la municipalité de St-Denis refuse absolument de recevoir à l'hopital communal les malades du service local, est-ce que, dans ce cas, l'administration supérieure de la colonie serait obligée de se croiser les bras, en renonçant à des réformes dont le besoin se fait si impérieusement sentir ?

Cela n'est certainement pas admissible. Posons carrément la question : l'hopital colonial actuel dépense par an une somme de 56,750 fr. ce qui remet la journée moyenne du malade à 3 francs. C'est beaucoup trop cher en présence des résultats obtenus à l'hopital communal, où la journée du malade ne revient même pas à 4 franc. C'est beaucoup trop cher, et c'est même exorbitant, quand on pense que l'hopital colonial actuel, n'est à peu près, en réalité, qu'une succursale de l'infirmerie de la geôle.

D'un autre côté, comme nous l'avons déjà fait remarquer plus haut, l'hopital colonial placé au milieu du quartier de la Rivière, peut devenir en temps d'épidemie, un danger redoutable pour

cette partie de la population de la ville. Il n'est
pas permis à l'administration ni à la municipalité de fermer les yeux sur ce grave côté de la
question.

Que faut-il donc faire en prévision de l'hypo-
thèse impossible où le bon vouloir de l'administration supérieure viendrait se heurter contre
le refus de la municipalité de St-Denis ?

Pourquoi l'administration ne ferait-elle pas
comme la commune, qui arrive à dépenser moins
d'un franc pour la journée de ses malades ?

Examinons : d'abord la commune n'a point à
payer de loyer pour l'immeuble où se trouve
établi son hôpital. Elle a utilisé pour cela, un
immeuble qu'elle possède à l'entrée du Butor.
C'est tout de suite une économie de 5 à 6,000
francs par an. Pourquoi l'administration locale
ne ferait pas sur ce point comme l'administration
communale de St-Denis ? n'a-t-elle pas sous la
main les bâtiments considérables de la Providence, actuellement inoccupés et qui pourraient
amplement servir à l'établissement d'un vaste et
magnifique hôpital ?

On y avait pensé il y a un an ou deux, mais
le service des Ponts-et-chaussées avait présenté
un devis impossible, où les frais d'aménagement
nécessités pour l'établissement d'un hôpital, at-
teignaient une somme fabuleuse : on a dû recu-
ler devant la dépense. Mais cependant cela paraît
bien fort ! n'y a-t-il pas eu exagération dans ce
devis ? il faudrait en demander un autre mieux

étudié et plus modeste. La municipalité de St-Denis a fait aussi aménager son immeuble du Butor pour y établir son hopital communal, et cependant cela n'a pas coûté des sommes bien extraordinaires. C'est l'ingénieur communal qui a fait exécuter ces travaux, il parait qu'il s'y entend ; on ferait peut-être bien de lui demander des conseils pour l'aménagement des batiments de la Providence. Il est quelquefois peu économique de s'en rapporter trop aveuglément à l'estimation des entrepreneurs qui ne demandent pas mieux de faire un honnête bénéfice de cent pour cent sur des travaux qui leur sont adjugés, du reste, fort légalement, sur soumissions cachetées avec concurrence et publicité.

Si l'administration ne pouvant envoyer ses malades à l'hopital communal, se décidait à opérer le transfert de l'hopital colonial à la Providence, elle aurait d'abord résolu cette grave question de débarrasser le quartier de la Rivière d'un foyer d'infection en temps d'épidémie. C'est déjà un point important ; un autre point serait de réaliser une économie sérieuse, en cessant de payer le prix d'un bail onéreux.

Il est encore une autre économie notable que l'administration pourrait réaliser en suivant l'exemple de la commune : nous voulons parler de la suppression du directeur, fonctionnaire onéreux qui coûte près de 5,000 fr. par an, et dont on pourrait si largement se passer. On s'en passe à l'hôpital communal. La direction y est confiée aux bonnes sœurs hospitalières qui s'en tirent très bien. Pourquoi n'en serait-il pas de même à l'hôpital colonial.

En transférant l'hôpital colonial à la Providence, et en confiant la direction aux bonnes sœurs chargées du service de l'établissement, en réalisant sur la façon de traiter les malades des économies possibles et déjà pratiquées à l'hôpital communal, on arriverait nécessairement à ce résultat, que la journée d'un malade du service local ne coûterait pas plus cher que celle d'un malade du service communal, c'est-à-dire, un peu moins d'un franc. De sorte que, si la municipalité venait, par une erreur incroyable d'appréciation, à refuser les malades du service local, l'administration coloniale n'aurait pas à s'en désoler outre mesure.

QUESTION CUILDIVIÈRE.

Il est une autre question, après celle de l'hôpital colonial, qui intéresse au plus haut point les finances de la colonie, et qui à ce titre, mérite de fixer l'attention des membres de la commission du conseil général, chargés d'étudier les différentes réformes budgétaires actuellement soumises à l'appréciation de nos mandataires légaux. Nous voulons parler de la question des guildives qui revient si souvent sur le tapis, et à propos de laquelle on ne fait jamais rien.

Il est un fait incontestable, c'est que la loi actuelle sur les guildives est actuellement un véritable cahos incompréhensible pour ceux même qui sont chargés de l'appliquer, ce qui n'empêche pas qu'elle reste toujours ce qu'elle est, au risque de contrarier les intérêts les plus légitimes.

Pour bien faire en cette matière, il faudrait d'abord tout détruire, pour tout édifier à nouveau.

On sait comment fonctionne actuellement le service des contributions indirectes en matière de guildives :

Des préposés surveillants, attachés à chaque établissement, sont chargés de constater la fabrication des spiritueux, et de les livrer sur la demande du propriétaire, soit pour l'exportation, soit pour la vente à l'intérieur qui s'opère au dépôt central par l'intermédiaire d'agents spéciaux nommés par l'administration. Ces livraisons ne s'opèrent qu'en présence et sous la surveillance d'un contrôleur, ou d'un employé spécial délégué par le chef du service des contributions.

La constatation de la fabrication journalière des spiritueux ne s'opère pas seulement par le préposé surveillant : non, ce fonctionnaire surveillant, touchante confiance de l'autorité ! doit être surveillé lui-même par un autre employé d'une position inférieure à la sienne et qui est ordinairement un simple préposé des douanes.

Mais cela n'empêche pas le préposé surveillant des guildives qui coûte au trésor trois mille francs par an, d'être pour le propriétaire un personnage ordinairement très-gênant, dont il faut supporter quelque fois la mauvaise humeur, et à qui il faut donner un logement dit « convenable, » c'est-à-dire des appartements pour loger, lui, sa femme, ses enfants et ses domestiques, fort heureux quand il n'arrive pas chez vous avec une ménagerie complète d'animaux domestiques, tels que poules, cochons, chiens et même vaches laitières. Il y a des surveillants qui ont été envoyés chez des propriétaires avec des familles composées d'une femme et 5 ou 6 enfants. Il fallait un logement convenable pour tout ce monde là ! — Tout cela peut-être accepté à la rigueur à la campagne, où l'espace ne manque pas ; mais voyez-vous quelle gêne un semblable système apporte à un guildivier de St-Denis, dont l'usine se trouve placé dans un espace nécessairement plus ou moins restreint ? — Le fait est que la plupart du temps, il a littéralement son préposé surveillant entre les jambes. Voyez-vous cet agrément de vivre côte à côte avec un garnisaire qui voit tous vos mouvements, entend tout ce que vous dites, et auquel vous devez les plus grands égards, sans quoi vous êtes accusé de vouloir faire la fraude ?

Mais quels sont les avantages qu'on peut retirer d'un mode de surveillance aussi vexatoire ? L'administration, en l'adoptant, est-elle parvenue à empêcher absolument la fraude ? — Nous ne le pensons pas. — Nous croyons, au contraire, en nous basant sur une longue expérience de l'industrie guildivière, que, dans le système actuel, la fraude s'est faite, qu'elle se fait, qu'elle se fera toujours sur une échelle plus ou moins considérable. Aujourd'hui c'est une question de plus ou de moins, voilà tout. Il y a des établissements qui sont dans des conditions telles qu'ils ne pourraient pas subsister s'ils ne comptaient pas un peu sur la fraude.

Nous n'apprendrons rien au lecteur quand nous dirons qu'il s'est rencontré des surveillants qui livraient illégalement à leur guildivier une barrique de rhum de 220 litres pour le prix convenu de 25 francs. Le fisc perdait 215 fr. par barrique.

Il faut ajouter que les étranges fonctionnaires dont nous parlons se plaignaient bien souvent de leur propriétaire, quand celui-ci, ne trouvant pas de placement d'une fraude trop considérable, ne pouvait prendre qu'une à deux barriques par jour, dans les conditions que nous venons de faire connaître.

Aujourd'hui la chose est plus difficile parce que, pendant la distillation, le surveillant est aidé ou plutôt surveillé par un préposé des douanes ; mais après la distillation, le préposé des douanes s'en va et le surveillant reste seul.

On nous dira que l'entrée des rhums fabriqués s'opère par le surveillant, en présence du préposé des douanes ; mais est-il bien difficile à un surveillant habile et intelligent de faire voir bleu à un préposé des douanes, lequel est ordinairement un homme à peu près illettré ?

Loin de nous, cependant, la pensée de vouloir attaquer en général l'honorabilité du corps des surveillants de distillerie, parmi lesquels on rencontre, sans aucun doute, des hommes dignes de la confiance de l'administration et de la considération publique. Mais il y a des exceptions. Les tribunaux ont été appelés quelquefois à sévir. On a vu l'administration révoquer quelquefois des préposés surveillants. Quelques uns ont joui de l'impunité. Tout cela prouve bien certainement que l'institution laisse beaucoup à désirer. Il serait plus simple, plus économique, et surtout plus sûr, de recourir à un autre système qui, en sauvegardant les droits du fisc, débarrasserait le guildivier de la gêne de vivre continuellement, coude à coude avec un garnisaire suivi de ses petits.

Il est une autre considération qu'il ne faut pas oublier : l'institution des préposés surveillants est souvent la cause des plus criantes injustices. La partie n'est pas égale pour tout le monde. Voilà un guildivier dont le surveillant est un honnête homme : il ne fait pas la fraude. A côté de lui se trouve un autre guildivier, son concurrent, qui a un surveillant complaisant, ou commode, et avec lequel une grande partie des droits peuvent être éludés : que la concurrence s'acharne, et l'industriel honnête est ruiné par l'autre. Nous demandons si cela est bien juste?

Ma is ne parlons plus de fraude, parlons seulement du droit que chacun a d'être libre et tranquille dans son intérieur. Voici un guildivier qui est l'ennemi personnel d'un homme qui a réussi à se faire nommer surveillant, hé bien, c'est justement celui là qu'il a la chance de recevoir chez lui. Dans une autre distillerie, on voit arriver pour surveillant un espèce de paysan bas-breton sans aucune espèce d'éducation, qui se croit un quelqu'un, et ne se donne seulement pas la peine de saluer les dames devant lesquelles il passe. A côté de cela il y a des guildiviers qui ont la chance de recevoir pour survillant des hommes bien élevés avec lesquels il est facile d'entretenir les meilleures relations du monde : il y a même des guildiviers qui sont assez favorisés, à l'insu, probablement, de l'administration supérieure, pour avoir comme surveillants des amis, parents ou alliés. nous ne disons pas associés, avec lesquels ils sont toujours en parties, noces et festins. Singulière surveillance!

Tout cela ne prouve t-il pas qu'il faut, au nom de l'équité, de la justice et au nom de l'intérêt du trésor, renoncer au système de surveillance actuelle, pour le remplacer par ce qui se pratique dans la métropole. Nous disons donc qu'il faut supprimer les surveillants de guildive. Comment les remplacer t-on, ou plutôt comment organisera t-on le service sans eux? La chose est facile :

A l'heure actuelle la clé de la distillerie c'est-à-dire de la partie du bâtiment où se trouve placée l'alambic, reste entre les mains du surveillant, et quand le propriétaire veut faire fonctionner son appareil il prévient le dit surveillant, qui, à son tour, dans les 24 heures, demande au service des contributions indirectes un agent pour l'aider à constater la fabrication.

Supposons qu'on supprime le surveillant : dans ce cas la clé de la distillerie peut être déposée au bureau des contributions indirectes, et, quand le propriétaire voudrait faire fonctionner son appareil il demanderait au bureau sa clé en même temps qu'un ou deux agents chargés de constater sa fabrication. Jusqu'à présent il n'y a pas de difficulté, le surveillant peut être parfaitement supprimé.

Arrive le moment de la fabrication. Elle s'opère en présence des agents envoyés par le service des contributions indirectes qui dressent procès-verbal, sur un registre spécial, de la quantité de spiritueux fabriquée, et dont le propriétaire prend charge. Ces spiritueux sont placés dans un magasin, dans des foudres où se trouvent adaptés des tubes gradués, de telle sorte que le contrôleur, dans sa visite, peut, d'un coup d'œil, se rendre exactement compte de la quantité de liquide qui se trouve en magasin

Après la distillation, les agents des contributions sont partis en emportant la clé de la distillerie pour que le propriétaire ne puisse pas fabriquer sans surveillance; mais il lui ont laissé la libre disposition de son magasin à rhum puisqu'il a pris charge de toutes les quantités fabriquées. Le propriétaire fait alors de sa marchandise ce que bon lui semble, il la vend pour l'exportation ou pour la consommation intérieure. La circulation se fait au moyen d'un passe-avant qu'il délivre avec le visa du service des contributions.

Maintenant, deux ou trois fois par mois, et plus souvent si l'on veut, le contrôleur dresse l'état des magasins à rhum. En tenant compte du coulage et de l'évaporation, il constate facilement quelles sont les quantités de liquide que le propriétaire a vendues pour la consommation intérieure : il lui remet en conséquence un décompte au moyen duquel les droits sont payés, dans les 24 heures, entre les mains du receveur communal.

Il est certain qu'au moyen d'un pareil système qui se pratique, du reste, dans la métropole; on peut parfaitement se passer des surveillants de guildivers, et supprimer en même temps les dépôts centraux, ce qui ferait pour le trésor une économie de plus de 200,000 francs.

Que peut on répondre à cela ? rien, l'économie est évidente : l'institution des préposés surveillants est gênante ou vexatoire pour le propriétaire ; et il faut ajouter qu'elle n'est pas toujours une garantie contre la fraude.

On ne peut donc faire aucune objection sérieuse contre le système que nous proposons. Ce

Cependant on répond quelque chose, et voici ce qu'on répond : Que ferez-vous alors de cette armée de fonctionnaires employés dans les distilleries et les dépôts centraux ? — Ils sont intéressants et demandent à vivre des ressources du budget. Beaucoup d'entre eux ont été choisis par l'administration dans le temps où on se préoccupait surtout de soulager d'honorables infortunes. Que ferait-on de tous ces fonctionnaires remerciés pour retrait d'emploi ?

A cela nous répondrons franchement que nous n'avons rien à répondre. Si pour des raisons de cette nature il faut renoncer à faire des économies dans le budget ; si pour payer des sinécures et conserver des positions à Messieurs tels et tels, les contribuables doivent se courber, sans mot dire, sous les charges qui les accablent ; si les mandataires chargés de défendre leurs intérêts admettent et souffrent cela, il n'y a plus qu'à tirer l'échelle.

LA BOUCHERIE DES MÉNAGES.

Nous avons déjà dit un mot de la boucherie des ménages dans notre précédente publication. Nous y revenons aujourd'hui.

Le « Moniteur » ayant cru devoir annoncer, avec accompagnement de flûtes et de trombonnes, ce projet de créer une boucherie nouvelle pour laquelle il demande des actionnaires, nous croyons qu'il n'est pas inutile d'étudier sérieusement la question. Il ne faut pas égarer l'opinion publique : il ne faut pas exposer d'honnêtes capitalistes à dépenser leur argent dans une entreprise qui ne peut avoir aucune espèce de résultat. Nous avons déjà dit que le projet de créer une boucherie des ménages, dans les conditions que nous a fait connaître le « Moniteur, » ne peut être considéré que comme une grotesque plaisanterie.

Il est cependant, dans la question des boucheries à la Réunion, un point qui doit préoccuper tout le monde : la viande de boucherie est trop chère : il faudrait trouver le moyen de l'avoir à meilleur marché.

A St-Denis, le prix de la viande de bœuf est comme le régulateur du prix de tous les autres objets de consommation au bazar. Si le bœuf est cher tous les autres comestibles augmentent de prix, et la réciproque est vraie. C'est pour cela surtout qu'il est important pour nous d'avoir le bœuf au meilleur marché possible. C'est pour cela encore, que les réclamations s'élèvent de toutes parts quand le prix du bœuf augmente.

A l'heure actuelle, le bœuf se débite au public à 1 fr. 40 le kilog avec os. C'est un des prix les plus élevés qui aient été tenus jusqu'à présent dans la colonie.

Ce prix n'est que provisoire : il a pour cause

la difficulté de s'approvisionner de bœufs de Madagascar, en présence de la quarantaine nécessitée par la variole qui règne à Tamatave et sur toute la côte est ; joignez à cela que les sucriers manquant de mules, ont demandé une grande quantité de bœufs pour leurs charrois.

Néanmoins, tout nous porte à croire, que l'entrepreneur actuel des boucheries de St-Denis, remettra le prix de la viande à un prix plus réduit, quand les causes qui motivent la hausse auront cessé d'exister. Et il n'attendra pas pour cela que l'arrivée d'un nouvel industriel sur le marché le force à faire une concurrence, dont la durée est toujours momentanée.

Il faut rendre justice à tout le monde, l'entrepreneur actuel des boucheries, à qui on reproche, bien à tort, d'exercer à son profit un monopole de fait dans l'industrie des boucheries, n'a jamais abusé de sa position pour rassurer le public en réalisant des bénéfices exagérés. Ce qui aurait été, après tout, son droit incontestable, puisque l'industrie des boucheries est libre à la Réunion.

Il est une remarque qu'il est juste de faire, c'est que, depuis qu'il n'y a plus de mercuriale, l'entrepreneur des boucheries a toujours livré le bœuf à un prix inférieur à celui auquel il était tarifé avant la liberté de l'industrie.

Prenons au hasard le tarif de la mercuriale pour les deux dernières années, 1860 et 1861.

Voici pour ces deux années, le tarif de la viande des boucheries, communiqué par la mairie de St-Denis :

Année 1860 :

1er	trimestre	1 70	le kilog
2me	trimestre	1 85	—
3me	trimestre	1 75	—
4me	trimestre	1 70	—

Année 1861

1er	trimestre	1 72	le kilog
2me	trimestre	1 62	—
3me	trimestre	1 59	—
4me	trimestre	1 58	—

Et depuis le temps où la viande a cessé d'être taxée, les livres de l'entrepreneur en font foi, le prix du bœuf a été maintenu entre 60 c., 1 fr. et 1 fr. 40 le kilog : ce dernier prix étant tout-à-fait provisoire et accidentel, et expliqué par les circonstances que nous avons fait connaître plus haut.

Cependant, il faut le remarquer, depuis ces dernières années, le prix du bœuf vivant a augmenté à Madagascar à cause de l'agio des pièces de 5 francs qui a été élevé à 14 pour cent.

Nous avons dit plus haut que le prix actuel du bœuf était trop élevé, à 1 fr. 40 le kilog ; cependant, il faut s'entendre : il serait plus avantageux, plus commode pour la population malheureuse, d'avoir la viande à meilleur marché dans les temps de fièvre et de misère que nous traversons, voilà ce que nous voulons dire, mais en réalité, le prix actuel du bœuf n'a rien d'exagéré.

Pour s'en convaincre, il faut demander ce que le bœuf coûte en France, et surtout à Paris où l'administration municipale surveille avec tant l'attention le prix des denrées alimentaires de première nécessité : si bien que, par la force des choses, quand ce prix atteint des proportions trop élevées, la commune ne manque jamais, de le ramener à des taux plus modérés, en s'imposant quelquefois les plus grands sacrifices, ou bien encore en recourant à des combinaisons spéciales telles, par exemple, que l'ouverture des boucheries régulatrices.

Eh bien ! Quel est le prix normal du bœuf à Paris ? — Un passage que nous extrayons d'un numéro de la Petite République Française, à la date du 4 avril dernier, répondra à cette question.

Voici ce que nous lisons dans ce journal :

« Economie ménagère.

Comme tout le faisait pressentir, la viande de boucherie et de charcuterie a repris son cours normal ; il est donc opportun de vous donner le prix détaillé des diverses catégories Les voici : Bœuf : filet, 2 fr. 50 à 3 fr. 60 ; faux-filet 2 fr. à 2 fr. 50 ; trains de côte, un franc vingt à un franc soixante dix ; tendre de tranche un franc cinquante à un franc soixante dix ; tranche grasse un franc quarante à un franc quatre vingt ; macreuse, un franc quarante cinq à un franc soixante quinze ; culotte, un franc quinze à un fr. trente cinq etc, le reste comprenant les morceaux de basse boucherie se débite aux prix de 80 centimes à 1 fr. 10 le kilog.

Comme on le voit, ces prix sont, en somme, supérieurs au prix actuel de la viande de bœuf à

Saint-Denis, prix que l'on trouve cependant fort exagéré. Et nous ne sommes point en France où l'approvisionnement est facile, tandis que le nôtre est soumis à une infinité d'accidents qui peuvent le compromettre à chaque instant ! — Supposez la perte d'une ou plusieurs cargaisons, et demandez-vous quel serait, dans ce cas, la position d'un entrepreneur qui aurait exposé des sommes considérables dans l'industrie des boucheries !

Quoiqu'il en soit, l'entrepreneur actuel qui, comme tout le monde le sait, est placé dans des conditions uniques pour exercer l'industrie des boucheries à Bourbon, livre actuellement le bœuf à 1 f. 40 le kilog, ce qui est un prix de beaucoup inférieur à celui de Paris. Et ce prix sera encore abaissé avant peu de temps.

Et l'on réclame encore, et l'on pousse les hauts cris, et l'on veut monter une entreprise impossible, qui, sous le nom de boucherie des ménages, donnera du bœuf de qualité supérieure, et à meilleur marché! On cherche des actionnaires pour cela ! En vérité n'est-ce pas compter un peu trop sur la sottise humaine ?

Nous avons déjà fait justice, dans une précédente publication, de cette énorme prétention de la boucherie des ménages de fournir des bœufs de qualité supérieure, démontrons aujourd'hui que si cette boucherie phénoménale venait à fonctionner, elle ruinerait en peu de temps ses actionnaires, auxquels elle fournirait réellement du bœuf à raison de 4 fr. 50 le kilog. La démonstration de cette thèse résulte de ce qui va suivre:

Supposons que la prétendue Boucherie des Ménages s'installe de manière à tuer seulement un bœuf par jour. Pour cela, il lui faut, comme nous allons le voir, un capital de douze à treize mille francs. C'est, nous le pensons, une somme qu'elle ne pourra jamais réunir, mais partons de cette base pour établir le chiffre de ses recettes et de ses dépenses, et nous rendre compte ensuite de l'avenir de son opération :

Dépenses pendant le premier mois.

Achat de 60 bœufs à 160 fr.	9,600 fr.
Paturage et nourriture pendant un mois pour 60 bœufs.	300
2 gardiers à 25 fr.	50
4 manœuvres et caleurs, pour aider les bouchers, à raison de 25 fr. nourriture comprise.	100
2 bouchers à 75 fr. pour vendre un bœuf par jour.	150
Location de deux tables au bazar.	75
Patente pour les deux tables.	50
Achat d'une petite charrette avec bourriquet, harnais, etc.	600
Matériel nécessaire, outils, balances etc.	300
Charretier	25
Nourriture de bourriquet	20
Traitement du directeur et frais de route	750
Un commis	150
Frais d'abattage pour 30 bœufs	300

Frais d'octroi   150
Mortalité 5 0[0 sur le prix de
30 bœufs soit.   210

              Total.   12.860

Il faudra donc dans le premier mois dépenser la somme de douze mille huit cent soixante francs.

Voyons quelle sera le chiffre des recettes pendant ce laps de temps.

Recettes.

Un bœuf donne actuellement en moyenne, outre la peau et les dépouilles, un poids de 170 k. de viande.

De ces 170 kilog il faut déduire un déchet de 7 p. 0[0 que subit la viande depuis le moment de l'abattage jusqu'à celui de l'achèvement de la vente. Il faut déduire encore 10 kilog d'os qu'il est impossible de faire passer dans la livraison au public, de sorte que le poids net du bœuf sera de 148 k.. qui ainsi décomposés donneront pour recettes à la boucherie des ménages :

3 kilog de filet à 4 fr, le k   12
La peau et dépouille   20
Un quart de 148 k. fournis aux actionnaires à raison de 60 c. la livre   44 40

   Les trois quarts restant pour le public ne seront pas placés. Mais supposons qu'on en place la moitié à 30 c. prix qui sera tenu par la concurrence, nous aurons   44 40

     Recette pour un bœuf   120 80

Ce qui nous donne pour trente bœufs, la recette générale du mois, la somme de 3,624 fr.

Il est facile maintenant de faire la position.

On a dépensé dans le premier mois 12,860 fr. La recette est de 3.624 f. — mais il reste à la boucherie 30 bœufs qui valent 4,800 fr. et de plus un matériel estimé pour la charrette à 350 fr. et pour les outils à 250. Ce qui donne au crédit de l'opération la somme de 9,254 fr. Cette somme déduite du chiffre des dépenses donne 3,606 fr. qui est la perte faite pendant le premier mois du fonctionnement de la boucherie des ménages. Et comme il n'y a pas de raison pour que cela change, il s'ensuit que le capital des actionnaires sera mangé en fort peu de temps.

Alors ces actionnaires naïfs qui prétendaient manger du bœuf à bon marché, et qui trouvaient trop cher le prix de 1 f. 40 le k. pourront calculer à quel prix la boucherie des ménages leur aura fourni le bœuf. La chose est facile.

Ils auront reçu 37 k. de bœuf par jour, soit le quart du bœuf, au prix fictif de 60 c. la livre, ce qui fait 1,110 k. de viande qui ont l'air de coûter 1.332 fr; il faut ajouter la perte du mois qui est de 3,606 fr. il s'ensuit que ces 1110 k. leur content réellement 4,938, soit à peu près 4 f. 50 le kilog; et voilà comment la boucherie des ménages fournira du bœuf à bon marché à ses actionnaires !

V. G.

St-Denis, le 28 Septembre 1847.